IQ-Training

zur Vorbereitung auf IQ-Tests

abwechslungsreich – spannend – effektiv

Aribert Böhme

Impressum

Alle Rechte liegen beim Autor
Düsseldorf, im Sommer 2016
E-Mail: Psychologische_Beratung_Boehme@gmx.de
Herstellung und Verlag: BoD - Books on Demand, Norderstedt
ISBN: 9783741250828

Bibliografische Information der Deutschen Nationalbibliothek

**Die Deutsche Nationalbibliothek verzeichnet diese Publikation in der
Deutschen Nationalbibliografie; detaillierte bibliografische Daten sind im
Internet über http://dnb.d-nb.de abrufbar.**

Vorwort

- **Sie wollen** sich auf einen IQ-Test vorbereiten, wie er beispielsweise im Rahmen diverser Bewerbungsverfahren vorkommt?
- **Sie möchten** anhand verschiedener Übungsaufgaben einen Überblick hinsichtlich typischer Testaufgaben bekommen?
- **Sie wünschen** sich ein gezieltes Training typischer IQ-Testaufgaben, so dass Sie gut vorbereitet in einen bevorstehenden IQ-Test gehen können?

Dann bietet Ihnen dieses IQ-Trainingsbuch eine hilfreiche Unterstützung.

Anhand vielfältiger Testaufgaben aus repräsentativen Bereichen typischer IQ-Tests, wie beispielsweise Logik, Sprachverständnis, Räumliches Vorstellungsvermögen, Merkfähigkeit usw., bietet Ihnen dieses IQ-Trainingsbuch vielfältige Übungsmöglichkeiten.

Mit Blick darauf, dass es sich bei den hier vorliegenden Testaufgaben nicht um eine wissenschaftlich fundierte Datenbasis handelt, die anhand eines repräsentativen, statistisch-signifikanten Probandenkreises evaluiert worden ist, wird bewusst darauf verzichtet, konkrete IQ-Werte zu nennen. Vielmehr bietet Ihnen diese Testreihe die Möglichkeit, eigene intellektuelle Fähigkeiten grob zu verorten, so dass Sie eine Orientierungshilfe bekommen. Entscheidend ist hier vor allem die Option, möglichst viele IQ-Testaufgaben trainieren zu können, mit dem Ziel, selbstbewusst an einem bevorstehenden IQ-Test teilnehmen zu können.

Wie immer auch Ihr Testergebnis ausfallen mag, bedenken Sie bitte, dass es sich dabei um eine Momentaufnahme handelt, die vielfältigsten Rahmenbedingungen unterliegt. Über ein gutes Ergebnis dürfen Sie sich freuen; ein weniger gutes Testergebnis bedeutet nicht, dass Ihre Qualitäten als Mensch infrage gestellt werden.

Tipps zur Durchführung des IQ-Tests

Sorgen Sie bitte dafür, dass Sie den kompletten IQ-Test nur in einem ausgeruhten und entspannten Zustand durchführen. Stress, Sorgen, gesundheitliche Beeinträchtigungen o. ä. verfälschen ansonsten womöglich Ihr Testergebnis.

Achten Sie bitte während der kompletten Testdurchführung darauf, dass Sie absolut ungestört sein können. Ablenkungen, wie z. B. Telefonanrufe, ins Zimmer kommende Personen, störende Geräusche, unangenehmes Raumklima usw. verfälschen ebenfalls Ihr Testergebnis.

Reservieren Sie sich ein Zeitfenster von ca. 75 Minuten zur vollständigen Durchführung für diesen IQ-Test. Während dieser Zeitspanne sollten Sie absolut ungestört arbeiten können.
Für die anschließende Auswertung des Tests müssten Sie weitere etwa 15 – 30 Minuten einplanen, so dass sich eine Gesamtzeit von ca. 1,5 – 2 Stunden ergeben wird.

Falls Sie bei einer Testaufgabe merken, dass Sie nicht spontan einen möglichen Lösungsansatz finden, sollten Sie bitte keinesfalls an einer solchen Teilaufgabe verweilen, sondern stattdessen zügig mit der Bearbeitung der nächsten Teilaufgabe beginnen.

Der Faktor Zeit ist bei der Durchführung eines IQ-Tests eine wesentliche Komponente, die unbedingt beachtet werden sollte. Es ist beabsichtigt, dass Ihnen die Zeitvorgaben mitunter sehr knapp bemessen erscheinen mögen, denn eine Teilkomponente hoher Intelligenz ist u. a., komplexe Sachverhalte in kurzer Zeit lösen zu können.

Viel Erfolg und viel Freude beim Bearbeiten dieses IQ-Tests.

Der Autor:

Aribert Böhme, Freiberufler seit 1988, bietet Dienstleistungen in folgenden Bereichen:

- Psychologische Beratung (Lernpsychologie, Familienpsychologie, Lebensberatung)
- Lerncoaching (Fernlehrgänge z. B.: SGD, ILS in den Fachbereichen Psychologische Beratung, Psychotherapie für Heilpraktiker usw.)
- Implementierung von Texten für Sachbücher in den Bereichen: Lernpsychologie, Psychologie, Pädagogik, EDV, Gesellschaft, Lebensweisheiten
- Coaching für Seniorinnen & Senioren (z. B. Gedächtnistraining)

Im Rahmen seiner freiberuflichen Dozententätigkeit hat der Autor bis dato (2016) ca. 9000 TeilnehmerInnen im Fachbereich EDV bei diversen, namhaften Instituten unterrichtet.

In seiner Funktion als Psychologischer Berater (SGD-Dipl.) bietet der Autor regelmäßig Klientensitzungen vor Ort für hilfesuchende Menschen in den Bereichen: Lebensberatung, Konfliktberatung, Familienpsychologie, Schulpsychologie sowie Lernpsychologie, an.

Bis dato (2016) hat der Autor 19 Sachbücher im thematischen Umfeld der EDV, der Lernpsychologie, der Pädagogik, der Gesellschaftskritik sowie der Lebensweisheiten, publiziert (inkl. einiger Auslandslizenzen für Frankreich, Polen und Russland).

Seminare und Vorträge zu den Themen Motivationscoaching, Lernpsychologie, Lerntechniken, bietet der Autor sowohl als Firmenschulungen, wie auch als Privatseminare vor Ort an. Anfragen bitte grundsätzlich per E-Mail an:

Psychologische_Beratung_Boehme@gmx.de

Im Rahmen der Implementierung des vom Autor entwickelten NEURONET 2.0, mit dessen Hilfe Prognosen für Sportwetten erstellt werden können, erfolgte in den Jahren 2001 und 2002 eine ehrenvolle Aufnahme in die Who-is-Who-Lexika, Deutschland & Europa.

Düsseldorf, im Sommer 2016

Hauptgruppen für den IQ-Test

A) **Sprachliche Intelligenz: Welches Wort passt nicht?**

B) **Sprachliche Intelligenz: Gleiche Wortbedeutung?**

C) **Sprachliche Intelligenz: Buchstabensalat**

D) **Logisches Denken: Analogien**

E) **Logisches Denken: Schlussfolgerungen**

F) **Logisches Denken: Zahlenreihen ergänzen**

G) **Logisches Denken: Musterreihen (Grafik) fortsetzen**

H) **Mathematische Fähigkeiten: Kopfrechnen**

I) **Mathematische Fähigkeiten: Rechenzeichen einsetzen**

J) **Beobachtungsgabe: Welches Zeichen ist anders in einer Reihe?**

K) **Merkfähigkeit: Wörter einprägen, falsche Wörter identifizieren**

L) **Merkfähigkeit: Begriffe merken**

M) **Merkfähigkeit: Adressen merken**

N) **Merkfähigkeit: Texte einprägen, anschließend Fragen beantworten**

O) **Interpretation von Statistiken**

P)   Oberbegriffe finden

Q)   Passende Begriffe finden

R)   Schnell Wörter finden

S)   Sinnlose Silben

T)   Merkfähigkeit

U)   Sudoku

A)   Sprachliche   Intelligenz: Welches   Wort   passt   nicht?

In dieser Rubrik geht es darum herauszufinden, welches der jeweils vier Wörter inhaltlich nicht zu jeweils drei anderen Wörtern passt?

Beispiel: Fahrrad   –   Flugzeug   –   PKW   –   Omnibus

Hier passt der Begriff „Flugzeug" nicht. Begründung: Alle anderen genannten Fahrzeuge bewegen sich primär auf dem Boden. Das Flugzeug bewegt sich vorwiegend in der Luft.

1. schenken – geben – stehlen – übergeben
2. Dänemark – Kalifornien – Rumänien – Deutschland
3. Bodensee – Rhein – Nil – Amazonas
4. Klavier – Blockflöte – Trompete – Posaune
5. Axone – Dendriten – Atome – Synapsen
6. Bäcker – Jurist – Florist – Dachdecker
7. Elefant – Schlange – Hund – Katze
8. Erde – Jupiter – Mars - Sonne

Bearbeitungszeit: 1 Minute

B)   Sprachliche Intelligenz: Gleiche Wortbedeutung?

In dieser Rubrik geht es darum herauszufinden, welches der jeweils vier angebotenen Wörter inhaltlich dem jeweils vorgegebenen Begriff am ehesten entspricht?

Beispiel: Angenommen, das vorgegebene Wort lautet „liebevoll".

                   Zur Auswahl stehen folgende Begriffe:
                   sanftmütig – schön – empathisch – achtsam

Lösung: Der Begriff „sanftmütig" stimmt am ehesten mit dem Begriff „liebevoll" überein.

Begründung: Die drei anderen Wörter beschreiben zwar ebenfalls positiv besetzte Begriffe, jedoch sind diese nicht automatisch mit einem „liebevollen" Verhalten assoziiert.

9. schön :   niedlich – putzig – hübsch – verspielt
10. Eignung: Merkmal – Wissen – Eigentum – Befähigung
11. trist: schal – langweilig – neblig – eintönig
12. aufgeben: kapitulieren – fallen – stürzen – vernichten
13. essen: trinken – übergeben – speisen – kauen
14. ängstlich: schmächtig – klein – verzweifelt – schüchtern
15. Begründung: Erklärung – Zielsetzung – Motiv – Aktion
16. absurd: unpassend – widersinnig – falsch - unbeholfen

Bearbeitungszeit: 1 Minute

C)   Sprachliche   Intelligenz: Buchstabensalat

In dieser Rubrik geht es darum herauszufinden, wie aus einem vorgegebenen „Buchstabensalat" wieder das ursprüngliche Wort gebildet werden kann?

Beispiel: R D A F H R A

Lösung: Hier lautet das gesuchte Wort „FAHRRAD".

17.	A S L C H
18.	Z A E K T
19.	C H S A C H
20.	Y E M R M O
21.	E E R N I D F
22.	F T M S P R U
23.	S D H W A A N U
24.	E N D K E U N S
25.	T U E R S A R N A T
26.	R N E A E G I E D L

Bearbeitungszeit: 2 Minuten

D) Logisches Denken: Analogien

In dieser Rubrik geht es darum herauszufinden, welche Analogien zwischen vorgegebenen Begriffspaaren existieren?

Beispiel:	laut : leise	Lärm : ?

Bewegungslosigkeit – Stille – Geräusch – Flüstern

Lösung: Hier wäre das Lösungswort „Stille", da es in einem analogen Verhältnis zum Begriff „Lärm" steht, wie der Begriff „leise" zum Begriff „laut".

Bearbeitungszeit: 1 Minute

27.   schnell : langsam   hoch : ?
       groß – tief – klein – lahm

28.   BMW : Auto   Persil : ?
       Seife – Putzen – Waschmittel – Haushalt

29.   Brille : Sehen   Hörgerät : ?
       Hören – Akustik – Töne – Musik

30.   Lehrer : Schule   Professor : ?
       Berufsschule – Lernen – Wissen – Universität

31.   Berlin : Deutschland   Kopenhagen : ?
       Norwegen – Dänemark – Schweden – Finnland

32.   Hitze : Wärme   Frost : ?
       Kälte – Winter – Schnee – Hagel

33.   Lesen : Buch   Schreiben : ?
       Autor – Kugelschreiber – Notizblock – Bücherei

34.   Maler : Pinsel   Arzt : ?
       Krankenhaus – Spritze – Rezept – Operation

E)   Logisches Denken: Schlussfolgerungen

In dieser Rubrik geht es darum logisch korrekte Schlussfolgerungen aus einer vorgegebenen Anzahl von Teilaussagen ziehen zu können.

Beispiel: Wenn A kleiner ist als B, und C kleiner ist als B, C jedoch größer ist als A, wer ist dann am größten?

Lösung: Hier wäre B die korrekte Antwort.

35. Wo sind die Kiwis am billigsten?
Im Laden A sind die Kiwis teurer als in B. In Laden D sind sie teurer als in C, aber billiger als in B.

36. Wo sind die meisten Lose?
In Topf A sind mehr Lose als in Topf D. In Topf C sind weniger als in B, aber mehr als in A.

37. Wer ist am klügsten?
Mario ist genauso klug wie Otto. Bernhard ist dümmer als Bert. Bert ist klüger als Otto. Mario ist dümmer als Bernhard.

38. Wer ist am schwersten?
Tom ist leichter als Konrad. Leo ist schwerer als Tom. Marc und Leo sind gleich schwer. Konrad ist schwerer als Marc.

39. Wer hat den höchsten IQ?
Jenny ist klüger als Moritz. Lucy ist nicht dümmer als Carsten. Sonja wäre die dümmste Schülerin, wenn Carsten nicht wäre. Moritz und Lucy sind gleich intelligent.

40. Wie alt ist Anton?
Gerd ist vier Jahre jünger als Melanie. Anton ist acht Jahre älter als Gerd. Gerd und Melanie sind zusammen 98 Jahre alt.

41. Wie viele Töchter gibt es?
In einer Familie hat jede Tochter dieselbe Anzahl von Brüdern wie Schwestern, und jeder Bruder hat doppelt so viele Schwestern wie Brüder.
Bearbeitungszeit: 3 Minuten

F) Logisches Denken: Zahlenreihen ergänzen

In dieser Rubrik geht es darum, dass Sie die in den Zahlenreihen versteckten Muster entdecken, nach denen die jeweils nächste Zahl eindeutig gebildet wird.

Beispiel: 2 – 4 – 6 – 8 – 10 – 12 - ?

Ihre Aufgabe besteht nun darin herauszufinden, welche Zahl anstelle des Fragezeichens eingesetzt werden muss, damit das in dieser Zahlenreihe enthaltene Berechnungsmuster logisch konsequent fortgesetzt wird.

Lösung: Hier lautet das Berechnungsmuster: + 2
            Demnach lautet die gesuchte Zahl hier: 14

42.	1 – 2 – 5 – 10 – 13 – 26 - ?
43.	1 – 8 – 9 – 64 – 25 – 216 - ?
44.	1 – 2 – 51 – 34 – 68 – 117 - ?
45.	2 – 5 – 11 – 17 – 23 – 31 - ?
46.	4 – 9 – 25 – 49 – 121 – 169 - ?
47.	49 – 361 – 841 – 1369 – 2209 - ?
48.	1 – 17 – 331 – 282 – 4794 – 5108 - ?
49.	5 – 12 – 24 – 36 – 52 – 68 - ?

Bearbeitungszeit: 5 Minuten

G)   Logisches Denken: Musterreihen (Grafik) fortsetzen

In dieser Rubrik geht es darum herauszufinden, welches logische Muster sich in einer vorgegebenen Struktur verbirgt, um somit das jeweils zu ergänzende Symbol zu finden.

Beispiel:

✿	●	☐
★	🌏	▦
Ⓟ	?	🛗

Welches der nachfolgenden Symbole gehört an die Stelle des Fragezeichens?

a) ☒   b) ⭕   c) ◇   d) ★

Lösung: Hier wäre die Antwort d) korrekt. Begründung: In jeder
               Reihe gibt es ein Symbol mit vier Ecken, die jeweils einen
               90-Grad Winkel bilden, ein rundes Symbol sowie ein Symbol
               mit fünf Spitzen. Demnach kann es hier nur die Antwort d
               mit dem Symbol ★ sein.

50.

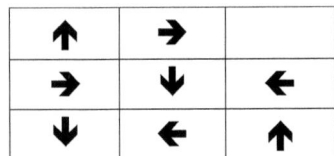

a) → b) ↖ c) ↓ d) ←

51.

○	▫	✚
	◈	✖
○	▪	✕

a) ✳   b) ○   c) □   d) ■

52.

▲	↑	▼
▲	↑	▼
▲		▼

a) ↓   b) ▲   c) ↑   d) ▲

53.

▲	◀	▼
▶	▲	
▼	▶	▲

a) ◀   b) ▼   c) ▶   d) ▲

54.

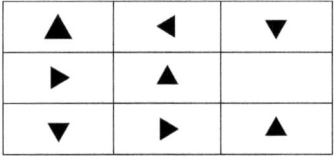

↵	⌐	↳
↺	⌐	
↺	⌐	↻

a) ↑   b) ↺   c) ➡   d) ↳

H) Mathematische Fähigkeiten: Kopfrechnen

In dieser Rubrik werden Ihre Fähigkeiten im Kopfrechnen getestet. Zur Bearbeitung dieser Aufgaben sind keinerlei zusätzliche Hilfsmittel (Papier, Bleistift, Taschenrechner usw.) erlaubt. Einzig Ihren Kopf dürfen Sie zur Lösung der folgenden Aufgaben verwenden.

Bearbeitungszeit: 4 Minuten

55.	$37 + 85 = ?$
56.	$497 + 386 = ?$
57.	$38 * 15 = ?$
58.	$274 * 16 = ?$
59.	$64 + 13 * 5 - 29 = ?$
60.	$4096 / 256 = ?$
61.	$(47 * 9 + 555) - (77 + 11 * 6) = ?$
62.	$3217 + 4998 - 557 + 94 - 221 = ?$
63.	$8 * 7 * 6 * 5 * 4 * 3 * 2 * 1 = ?$
64.	$89 * 6 * 9 * 3 = ?$

I)   Mathematische Fähigkeiten: Rechenzeichen einsetzen

In dieser Rubrik geht es darum herauszufinden, welche Rechenzeichen (+ -
* /) jeweils anstelle der Fragezeichen (?) in eine Aufgabe eingesetzt werden
müssen, so dass das vorgegebene Ergebnis korrekt ist.

Legende: ?   Ist der Platzhalter für das erste Operationszeichen
             ??   Ist der Platzhalter für das zweite Operationszeichen
             ???   Ist der Platzhalter für das dritte Operationszeichen
             ????   Ist der Platzhalter für das vierte Operationszeichen

Beispiel: 49 ? 35 = 84

Lösung: Hier müsste das Additionszeichen (+) anstelle des
              Fragezeichens eingesetzt werden, so dass die vorgegebene
              Lösung stimmt.

Bearbeitungszeit: 5 Minuten

65.	24 ? 37 ?? 18 = 43
66.	412 ? 19 ?? 77 = 7751
67.	221 ? 6917 ?? 2109 ??? 7777 = 1470
68.	3 ? 4 ?? 5 ??? 6 ???? 1777 = 183
69.	(4096 ? 1024) ?? 512 ??? 2048 = 0
70.	(1584 ? 16) ?? (33 ??? 3) = 9801
71.	557 ? 2114 ?? 33107 ??? 9104 = 44882
72.	(1048576 ? 1024) ?? (3 ??? 8) = 1000
73.	(7413 ? 1777 ?? 1004) ??? (6 ???? 7) = 60216

J) Beobachtungsgabe: Welches Zeichen ist anders in einer Reihe?

In dieser Rubrik wird Ihre Beobachtungsgabe überprüft. Dabei gilt es möglichst schnell zu erkennen, welches Zeichen (Buchstaben oder Zahl) in einer vorgegebenen Reihe von der Originalreihe abweicht?

Beispiel: Angenommen, folgende Originalreihe sei vorgegeben:

CCRFKLOPGGGFOPHHUUUUIIIKKKKTTGGSSWWQLMBHGDFSIO

Hier nun die zu überprüfende Reihe:

CCRFKLOPGGGFOPHHUUUUIIIKKKKTTGGSSVWQLMBHGDFSIO

Lösung: Hier wurde der Originalbuchstabe „W" durch ein „V" ausgetauscht.

CCRFKLOPGGGFOPHHUUUUIIIKKKKTTGGSS**V**WQLMBHGDFSIO

Bearbeitungszeit: 2 Minuten

74.   KKOPLGFDSWWIKKKNMBVCGDWEPPOKUHTRWWWEKMNNNCX
          KKOPLGFDSWWIKKRNMBVCGDWEPPOKUHTRWWWEKMNNNCX

75.   MMKLLLLLFFFRTWAOLPKSSDRWOKLPORRRTNNNCVFYXXXLKY
          MMKLLLLLFFFRTWAOLPKSSDRWOKLPORRRTNNNCVEYXXXLKY

76.   ASDFRRRTTTTPPPPÜLOIUZZZZWWQQMLKHGCXXXYYYGGGGIUZ
          ASDFRRRTTTTPPPPÜLOIUZZZZWWQOMLKHGCXXXYYYGGGGIUZ

77.   YXCGHJGHJGHJTZWERWERIOPIOPIPOINHFDFGHFGHFHGFGHGFC
          YXCGHJGHJGHJTZWERWERIOPIOPIPOINHFDFCHFGHFHGFGHGFC

78. RWERUIOSDFKJKLVXCVSDFKLDJFKLSDJLFEWRUIOPEIROPADSJJ
    RWERUIOSDFKJKLVXCVSDFKIDJFKLSDJLFEWRUIOPEIROPADSJJ

79. SDFHJKQWEUIQOWEOIOQWEOIQWEXDFAJDKLASDKLJFSDFSKDT
    SDFHJKQWEUIQOWFOIOQWEOIQWEXDFAJDKLASDKLJFSDFSKDT

80. DGFLKKLKLJHGHJTEERRTJKKJKJHJKHJKHJKHQWEQEWIIIOIIOOU
    DGFLKKLKLJHGHJTEERRTJKKJKJHJKHJFHJKHQWEQEWIIIOIIOOU

81. ZUIWERWRWERWJKLJCXYXHKJIOOIPOPGFFGUIIOOIOPGFGFGFII
    ZUIWERWPWERWJKLJCXYXHKJIOOIPOPGFFGUIIOOIOPGFGFGFII

82. YXCYXCYHGHJGHJIOIOUIOEUIOOPPBVWEWETZKLÖKLDFDFGHJ
    YXCYXCYHGHJGHJIOIOUIOEUIOOPPBVWEWETZRLÖKLDFDFGHJ

K) **Merkfähigkeit: Wörter einprägen, falsche Wörter identifizieren**

In der folgenden Rubrik geht es darum, dass Sie sich möglichst schnell viele vorgegebene Begriffe einprägen, zu denen dann anschließend einige Fragen gestellt werden.

Beispiel: Angenommen, es sei folgende Tabelle mit Begriffen vorgegeben:

Zeit zum Einprägen: 30 Sekunden. Bitte erst nach der Einprägezeit umblättern.

Lebensmittel	*Automarke*	*Unterrichtsfach*	*Mädchenname*
Brot	BMW	Physik	Barbara
Käse	OPEL	Englisch	Iris
Wurst	FORD	Kunst	Heike
Marmelade	MERCEDES	Musik	Sandra

Frage: In welcher Rubrik beginnt ein Begriff mit dem Buchstaben „H"?

Lösung: In der Rubrik „Mädchenname" beginnt der Begriff „Heike" mit dem Buchstaben „H".

83.

Musikgruppen	Solokünstler	Musikinstrument	Tonart
Pink Floyd	Peter Horton	Klavier	C-moll
Genesis	Celine Dion	Gitarre	G-dur
Simple Minds	Herbert Grönemeyer	Schlagzeug	Fis-moll
AC/DC	David Gilmour	Violine	E-dur

Zeit zum Einprägen: 30 Sekunden. Bitte erst nach der Einprägezeit umblättern.

83 a) In welcher Zeile steht der Name eines Solokünstlers, dessen Name mit dem Buchstaben „H" beginnt?

83 b) Welche Musikgruppe steht in der zweiten Zeile der Rubrik „Musikgruppen"?

83 c) Welche Tonart befindet sich in der vierten Zeile in der Rubrik „Tonarten"?

83 d) Welches Musikinstrument beginnt mit dem Buchstaben „S"?

Bearbeitungszeit: 1 Minute

84.

Farbe	Getränk	Adjektiv	Tier	Stadt
grün	Wein	schön	Hund	Düsseldorf
blau	Bier	dunkel	Katze	Nürnberg
gelb	Cola	groß	Bär	Hamburg
rot	Kaffee	hell	Schwein	Köln
schwarz	Tee	klein	Hase	Stuttgart
orange	Saft	schlimm	Schlange	Bremen
violett	Wasser	großartig	Ameise	Dortmund

Einprägezeit: 1 Minute. Bitte erst umblättern, nachdem die Einprägezeit vorbei ist.

84 a)   Welches Tier wird nicht genannt?
         Hamster – Hase – Schlange – Katze
84 b)   Welche Stadt mit dem Anfangsbuchstaben „B" wird genannt?
84 c)   Welches Getränk wird nicht aufgeführt?
         Kaffee – Saft – Limonade – Tee
84 d)   Welche Farbe fehlt in der Tabelle?
         braun – gelb – orange – grün
84 e)   Welche beiden Tiernamen beginnen mit dem Buchstaben „S"?
84 f)   Welches Adjektiv wird nicht genannt?
         schlimm – groß – dunkel – winzig

Bearbeitungszeit: 1 Minute

85.

Natürliche Zahlen	Primzahlen	Quadratzahlen
444	13	16
999	3	100
64	17	49
51	7	25
146	29	1
63	2	64
484	23	4
2	19	36
416	11	9
95	5	81

Einprägezeit: 2 Minuten. Bitte erst umblättern nachdem die Einprägezeit vorbei ist.

85 a)   Welches ist die größte hier genannte Primzahl?

85 b)   Welche Zahl kommt sowohl bei den Natürlichen Zahlen, als auch bei den Quadratzahlen vor?

85 c)   Welche Primzahl kommt auch bei den Natürlichen Zahlen vor?

85 d)   Welches ist die drittgrößte Quadratzahl?

85 e)   Welche Primzahl steht in der letzten Zeile?

85 f)   Welches ist die größte genannte Natürliche Zahl?

85 g)   In welcher Zeile steht die Natürliche Zahl 64?

85 h)   Welche der nachfolgenden Zahl taucht in keiner der drei Rubriken auf? 4 – 21 – 81 – 95

Bearbeitungszeit: 2 Minuten

L)   Merkfähigkeit: Begriffe merken

In der folgenden Rubrik geht es darum, dass Sie sich möglichst viele Begriffe in möglichst kurzer Zeit einprägen. Anschließend werden dann Fragen zu den zuvor eingeprägten Begriffen bzw. zu deren Positionen innerhalb der jeweiligen Tabelle gestellt.

Beispiel:

Buche	Beethoven	Käse	Fichte
Sport	Physik	Eiche	Mathematik
Schubert	Honig	Erdkunde	Mozart
Englisch	Pappel	Brot	Erle
Butter	Telemann	Bach	Salat

Einprägezeit: 2 Minuten

Nachdem Sie dann die obige Tabelle abgedeckt haben, sollten folgende Fragen beantwortet werden:

- In welcher Spalte befindet sich das Schulfach mit dem Anfangsbuchstaben „M"?
- In welcher Spalte befinden sich zwei Namen von berühmten Komponisten?
- Welches Lebensmittel wird in der vierten Spalte genannt?
- In der wievielten Zeile befindet sich das Schulfach mit dem Anfangsbuchstaben „P"
-

Lösungen:

- Das Schulfach Mathematik befindet sich in der vierten Spalte.
- Die Komponisten Beethoven und Telemann befinden sich in der

zweiten Spalte.

- Das Lebensmittel in der vierten Spalte ist Salat.
- Das Schulfach mit dem Anfangsbuchstaben „P" (Physik) befindet sich in der zweiten Zeile.

86.

Frankreich	Rhein	Kopenhagen	Belgien	Helsinki
Zugspitze	Amazonas	Böll	Alpen	Italien
Kaufmann	Warschau	Großglockner	Grass	Neckar
Dänemark	Anden	Physiker	Paris	Anwalt
Bäcker	Lehrer	Deutschland	Elbe	Berlin
Brüssel	Arber	Florist	Maurer	Nil
Mosel	Portugal	Himalaya	Mount Everest	Schneider
Madrid	Donau	Lissabon	Spanien	Polen

Einprägezeit: 3 Minuten.

Bitte erst umblättern, nachdem die Einprägezeit abgelaufen ist.

Bearbeitungszeit: 2 Minuten

a)   Für welches der genannten Länder fehlt die zugehörige Hauptstadt?
b)   In welcher Spalte steht der Beruf mit dem Anfangsbuchstaben „A“?
c)   Welche deutschen Flüsse werden genannt?
d)   In welchen Zeilenbefinden sich die Gebirge mit dem Anfangsbuchstaben „A“?
e)   Welcher deutsche Fluss wird in der fünften Spalte genannt?
f)   Welcher Beruf mit dem Anfangsbuchstaben „F“ wird genannt?
g)   In welcher Zeile befindet sich der Name der deutschen Bundeshauptstadt?
h)   Welche Hauptstadt wird in der zweiten Spalte genannt?
i)   In welcher Spalte erscheint der Name des Autors mit dem Anfangsbuchstaben „G“?
j)   In welcher Spalte steht die Hauptstadt von Portugal?

M) Merkfähigkeit: Adressen merken

In dieser Rubrik geht es darum, dass Sie sich zunächst folgende Adressen (komplett) einprägen. Anschließend werden verschiedene Fragen zu bestimmten Details gestellt, die Sie dann aus Ihrem Gedächtnis beantworten sollen.

Bitte beachten Sie, dass Sie erst auf die nächste Seite umblättern, nachdem die Einprägezeit von insgesamt 3 Minuten vollständig abgelaufen ist.

87.

Barbara Endler, 48 Jahre **Chemielaborantin** **Kreuzgasse 27** **20800 Hamburg**	**Herbert Schnitzler, 77 Jahre** **Pensionär** **Friedensstraße 29** **80320 München**
Dr. Wolfgang Stahl, 57 Jahre **Neurologe** **Elbhausener Straße 98** **10662 Berlin**	**Sabine Moll, 26 Jahre** **Verkäuferin** **Hauptstraße 33** **40230 Düsseldorf**
Ferdinand Stracke, 61 Jahre **Rechtsanwalt** **Dachsweg 44** **51080 Köln**	**Prof. Dr. Sonja Marx, 44 Jahre** **Chefärztin** **Mauerstraße 71** **60230 Frankfurt**
Iris Nachtweih, 33 Jahre **Buchhalterin** **Bergstraße 50** **72000 Stuttgart**	**Peter Nollwarth, 46 Jahre** **Taxifahrer** **Gemsenweg 49** **30500 Hannover**
Monika Zierhut, 51 Jahre **Bankkauffrau** **Mittelstraße 89** **51075 Köln**	**Hans Wendler, 85 Jahre** **Rentner** **Holunderweg 62** **10500 Berlin**

a)   Wie alt ist Sabine Moll?
b)   In welcher Straße (inkl. Hausnummer) wohnt Peter Nollwarth?
c)   In welcher Stadt (inkl. Postleitzahl) wohnt Dr. Wolfgang Stahl?
d)   Welchen Beruf hat Hans Wendler?
e)   Welche Dame ist 48 Jahre alt?
f)   Wie lautet der vollständige Name der Chefärztin?
g)   In welcher Stadt (inkl. Postleitzahl) wohnt Herbert Schnitzler?
h)   Wer wohnt im Dachsweg 44?
i)   Wer wohnt in der Elbhausener Straße 98?
j)   Welche Person ist 61 Jahre alt?

N)   Merkfähigkeit: Texte einprägen, anschließend Fragen beantworten

In der folgenden Rubrik geht es darum, dass Sie sich zunächst jeweils einen vorgegebenen Text innerhalb einer vorgegebenen Zeit (1 Minute) einprägen. Anschließend blättern Sie um zu den Fragen, die Sie dann detailliert beantworten sollen.

88.

Brutaler Raubüberfall

Wie der Leiter der Polizeidienststelle Grunzhausen, Polizeihauptkommiss Hubert Schramm, der Pressestelle des Grunzhauser Tageblatts am gestrigen 09.08.2016 mitteilte, kam es in der Gingelstraße 72 zu einem brutalen Raubüberfall, bei der die 81ährige Rentnerin, Margit Schmoll, verletzt wurde. Nach ersten Ermittlungen hatten zwei jugendliche Täter, 18 und 21 Jahre alt, der älteren Dame vor der Haustüre aufgelauert, um ihr vermeintlich dabei behilflich zu sein, ihre schwere Einkaufstasche in den zweiten Stock des Hauses zu tragen. Oben angekommen, stieß der ältere der beiden Täter die Dame zu Boden, so dass sich diese eine Kopfverletzung zuzog. Wie sich im Nachhinein herausstellte, wurden insgesamt 128 € aus der Geldbörse der älteren Dame entwendet, die sich in einer Schublade des Küchenschranks befunden hatte. Außerdem wurden zwei Goldketten sowie ein dunkelgrünes Halsband gestohlen. Die ältere Dame beschreibt die beiden Täter wie folgt: Der jüngere Täter sei etwa 1,85 m groß, dunkle, kurze Haare, leicht übergewichtig sowie insgesamt eine ungepflegte Erscheinung. Der ältere Täter sei etwa 1,75 m groß, schlank, dunkelblaues Hemd, schwarze Jeans. Zudem habe er eine auffällige Narbe unterhalb des linken Auges. Beide Täter sprachen mit osteuropäischem Akzent. Tatzeitpunkt war nach Angaben der älteren Dame ca. 16:30 Uhr gewesen. Für sachdienliches Hinweise zur Ergreifung der Täter wird eine Belohnung von 1500 € ausgesetzt. Hinweise bitte an die Polizeidienststelle Grunzhausen, Telefonnummer: 0815 / 37 99 12.

Bearbeitungszeit: 2 Minuten

a)   Wie lautet der Name des Polizeihauptkommissars?
b)   An welchem Tag fand der Raubüberfall statt?
c)   In welcher Straße (inkl. Hausnummer) wohnt das Tatopfer?
d)   Welches Alter haben die beiden Täter?
e)   Welcher Betrag wurde aus der Geldbörse gestohlen?
f)   Welche Farbe hat das gestohlene Halsband?
g)   Welche fünf Erkennungsmerkmale hat der jüngere Täter?
h)   Aus welchem Sprachraum stammen die Täter vermutlich?
i)   Welcher ungefähre Tatzeitpunkt wird genannt?
j)   Wie hoch ist die ausgesetzte Belohnung für sachdienliche Hinweise?
k)   Wie lautet die komplette Telefonnummer der Polizeidienststelle Grunzhausen?
l)   In welchem Stockwerk wohnt das Tatopfer?

O)   Interpretation von Statistiken

In dieser Rubrik geht es darum zu zeigen, ob bzw. inwieweit Sie dazu in der Lage sind, Statistiken korrekt zu interpretieren, um somit relevante Informationen daraus ableiten zu können.

89.

	1	2	3	4	5	6
Schule A	15	28	44	29	12	3
Schule B	8	21	56	44	22	8
Schule C	16	23	34	18	12	1
Schule D	11	38	15	12	2	0

a)   In welcher Schule gibt es die meisten Schüler mit einem Notenprofil von entweder 3 oder 4?

b)   Welche Schule hat den insgesamt besten Notendurchschnitt?

c)   In welcher Schule gibt es die meisten Schüler mit einem Notenprofil schlechter als 4?

d)   Welchen Notendurchschnitt hat die Schule mit den wenigsten 1er-Schülern?

Bearbeitungszeit: 4 Minuten

90.

In der folgenden Tabelle sind die Verkaufszahlen der Bücher mehrerer
Autoren für die Jahre 2012, 2013, 2014 und 2015 aufgeführt.

	2012	*2013*	*2014*	*2015*
Müller	982	489	678	520
Meyer	745	320	970	260
Schmidt	358	823	222	984
Schulz	987	945	912	888
Neumann	215	134	376	788
Becker	345	234	217	409
Moll	354	190	340	924
Reuter	578	321	444	820

a)   Welcher Autor war insgesamt am erfolgreichsten?
b)   Welches ist insgesamt das erfolgreichste Jahr?
c)   Welcher Autor hat im Jahr 2014 die wenigsten Bücher verkauft?
d)   Wer sind die drei erfolgreichsten Autoren?
e)   In welchem Jahr wurden die wenigsten Bücher verkauft?

Bearbeitungszeit: 5 Minuten

P)   Oberbegriffe finden

In der folgenden Rubrik geht es darum, herauszufinden, welche Begriffe in der linken Spalte jeweils passende Oberbegriffe zu den in der rechten Spalte genannten Wörtern sind?

Beispiel:

Wassersport	Barbara
Wetterphänomen	Zugspitze
Vorname	Segeln
Fluss	Wirbelsturm
Berg	Rhein

Hier wäre die korrekte Zuordnung wie folgt:

Wassersport	===>	Segeln
Wetterphänomen	===>	Wirbelsturm
Vorname	===>	Barbara
Fluss	===>	Rhein
Berg	===>	Zugspitze

91.

Berühmter Maler	Doktor
Planet unseres Sonnensystems	fest
Chemisches Element	David Gilmour
Akademischer Titel	Mars
Deutscher Komponist	Lithium
Musikinstrument	Rocky Mountains
Säugetier	Milchstraße
Insekt	Weizsäcker
Gebirge	John von Neumann
Deutscher Bundespräsident	Traurigkeit
Astronomische Struktur	Klavier
Gefühlszustand	Hund
Berühmter Mathematiker	Biene
Aggregatzustand	Picasso
Berühmter Gitarrist	Bach
Komponist	Goethe

Bearbeitungszeit: 1 Minute

92.

Farbe	Kilometer
Tonart	Bäcker
Baustil	Rose
Popgruppe	Fakultät
Politikerin	Keyboard
Maßeinheit für Länge	Pink Floyd
Gewichtseinheit	blau
Astronomische Maßeinheit	Prokastination
Handwerklicher Beruf	Jupiter
Mathematische Funktion	ABS
Maßeinheit für Speicherkapazität	fis-moll
Pflanze	Gigabyte
Tasteninstrument	Chunk
Psychedelic Rock-Gruppe	Wagenknecht
Kreiszahl	Ditfurth
Störende Charaktereigenschaft	Kilogramm
Größter Planet unseres Sonnensystems	Pi
Sonnennächster Planet	Gotik
Technisches Hilfssystem in PKW	Lichtjahr
Speichereinheit im menschlichen Gehirn	Abba
Berühmter Wissenschaftsjournalist	Merkur

Bearbeitungszeit: 1 Minute

Q)   Passende Begriffe finden

In der folgenden Rubrik geht es darum, dass Sie zu einem vorgegebenen Oberbegriff aus einer Liste exakt nur solche Wörter herausfinden, die zu dem vorgegebenen Oberbegriff passen.

Beispiel:

Angenommen, der Oberbegriff lautet „EDV-Fachbegriffe". Gegeben sei folgende Liste:

USB-Stick – Diskette – Schnürsenkel – Bilderrahmen – Desktop – CPU – Wald – Gemüse – Musik – Soundkarte – Festplatte – Straßenbahn – Biologie – Pixel – Mainboard – Foto – Lottoschein – Informatik – Blume – Maus

Hier lauteten die korrekten Wörter, die allesamt dem Oberbegriff „EDV" zugeordnet werden können:

USB-Stick – Diskette – Desktop – CPU – Soundkarte – Festplatte – Pixel – Mainboard – Informatik – Maus.

93.

Der vorgegebene Oberbegriff lautet „Hauptstädte Europas":

Gegeben ist folgende Liste:

Madrid – Köln – Bielefeld – Paris – Moskau – Düsseldorf – Nürnberg – Athen – Kopenhagen – Göteborg – London – Lissabon – Oberstdorf – Budapest – Bukarest – Hamburg – Berlin – Rom – Warschau – Kiel – Dresden – Oslo – Stockholm – München – Prag – Mainz – Helsinki – Stuttgart – Tokio – Toronto – Leipzig – Dallas – Dortmund – Wien – Kairo – Jerusalem – Osaka – Würzburg – Brüssel – Los Angeles.

Bearbeitungszeit: 1 Minute

94.

Der vorgegebene Begriff lautet „Primzahlen":

Gegeben ist folgende Liste:

37 – 99 – 69 – 17 – 9 – 89 – 91 – 47 – 23 – 27 – 81 – 93 – 31 – 87 – 55 – 59
– 57 – 19 – 49 – 71

Bearbeitungszeit: 1 Minute

R) Schnell Wörter finden

In dieser Rubrik geht es darum, zu vorgegebenen Ausgangsbedingungen möglichst viele Wörter aufzuschreiben.

Beispiel: Angenommen, die Ausgangsbedingung lautet:
Schreiben Sie möglichst viele Wörter auf, die mit dem Anfangsbuchstaben B beginnen.

Dann könnte Ihre Liste z. B. wie folgt aussehen:

Baum – Bus – Bär – Brot – Buche – Bild – Bochum – Boot usw.

95. a)   Schreiben Sie binnen einer Minute möglichst viele Wörter auf, deren zweiter Buchstaben ein „a" ist.

   b)   Schreiben Sie binnen einer Minute möglichst viele Wörter auf, deren letzter Buchstabe ein „r" ist.

   c)   Schreiben Sie binnen einer Minute möglichst viele Adjektive auf, deren Anfangsbuchstabe ein „e" ist.

S) Sinnlose Silben

In dieser Rubrik geht es darum, dass Sie sich möglichst viele „sinnlose"
Silben einprägen, die dann anschließend – nach einer dreiminütigen
Wartezeit – überprüft werden. Sinn und Zweck dieser Aufgabe ist es, Ihre
Gedächtnisfunktion zu überprüfen.

96. Prägen Sie sich bitte zunächst möglichst viele der nachfolgenden
Silben ein. Für diesen Einprägevorgang stehen Ihnen insgesamt fünf
Minuten zur Verfügung.

tzu	vbn	iop
wtr	ltz	mnb
dwq	kpg	bcx
qäj	püz	fsy
mhj	rgn	pln
qsc	vgz	ljf
rho	pmx	qtg
pge	wkg	iow
rmö	qlr	wiö
xyv	qmp	zhj

Nachdem die fünf Minuten Einprägezeit vorbei sind, blättern Sie bitte auf
die nächste Seite um.

Markieren Sie nun in der folgenden Tabelle genau die zehn Silben, die in der vorherigen Tabelle tatsächlich vorgekommen sind.

Bearbeitungszeit: 1 Minute.

pwt	qkp	coe
hlq	ltz	lrn
löe	wkj	bcx
qäj	püz	päs
cvb	rpv	qbu
pwl	vgz	lrw
rho	pmx	orb
pge	jpa	püv
rmö	nmn	qäy
mql	qmp	zkx

T)   Merkfähigkeit

In der folgenden Rubrik wird Ihre Merkfähigkeit getestet. Zunächst sollen Sie sich möglichst viele Informationen binnen zwei Minuten einprägen.

Anschließend blättern Sie bitte auf die nächste Seite um, und beantworten dann alle gestellten Fragen.

97. Automarken	:	BMW – Ford – Opel – Renault – Mercedes – VW
Komponisten	:	Bach – Beethoven – Schumann – Mozart – Wagner
Schulfächer	:	Physik – Englisch – Mathematik – Geschichte – Musik
Planeten	:	Venus – Saturn – Neptun – Jupiter – Erde – Merkur
Flüsse	:	Nil – Rhein – Amazonas – Donau – Elbe – Main
Konsonanten	:	Z – K – M – F – R – P – S – J – Q – N – C – B
Städte	:	Jericho – Duisburg – Paris – Kapstadt – Tokio – Erfurt

Bearbeitungszeit für alle folgenden Teilaufgaben: 3 Minuten

a)   Welcher Fluss hat an der zweiten Stelle den Buchstaben „a"?
b)   Welcher der folgenden Konsonanten wird nicht genannt?
     N – F – P – G – M – K – Z
c)   Welche Automarke endet mit dem Buchstaben „s"?
d)   Welcher Fluss wird genannt, der in Amerika liegt?
e)   Welche Schulfächer mit dem Anfangsbuchstaben „M" werden
     genannt?
f)   Welche der genannten Planeten enthalten den Buchstaben „n"?
g)   Welche der genannten Komponisten enthalten nicht den Buchstaben
     „e"?
h)   Welche der genannten Städte liegt am weitesten südlich?
i)   Welches der genannten Schulfächer enthält nicht den Buchstaben
     „h"?
j)   Welche der genannten Automarken bestehen ausschließlich aus
     Konsonanten?

U)   Sudoku

In dieser Rubrik geht es darum, dass Sie ein Sudoku möglichst schnell lösen.

Zielvorgabe: Sinn und Zweck des folgenden Sudokus ist es, dass in jeder Zeile sowie in jeder   Spalte und zudem in jedem einzelnen 3x3-Quadrat jede der Ziffern von 1 bis 9 exakt einmal vorkommt. In keiner Zeile, keiner Spalte und keinem 3x3-Quadrat dürfen einzelnen Ziffern mehrfach vorkommen, und es darf zudem keine Ziffer fehlen.

Bearbeitungszeit: 5 Minuten

98.

	5		7	8	9	3		
		8					9	6
		4	6				5	
	8				1		7	3
		3						
1	7		2				6	
	3				4	8		
9	1						4	
		2	3	9	5		1	

Lösungen

A)   Sprachliche Intelligenz: Welches Wort passt nicht?

1. stehlen
2. Kalifornien
3. Bodensee
4. Klavier
5. Atome
6. Jurist
7. Schlange
8. Sonne

B)   Sprachliche Intelligenz: Gleiche Wortbedeutung?

9. hübsch
10. Befähigung
11. langweilig
12. kapitulieren
13. speisen
14. schüchtern
15. Erklärung
16. widersinnig

C)   Sprachliche Intelligenz: Buchstabensalat

17. Schal
18. Katze
19. Schach
20. Memory
21. Frieden
22. Strumpf
23. Hauswand
24. Sekunden

25. Restaurant
26. Niederlage

D)   Logisches Denken: Analogien

27. tief
28. Waschmittel
29. Hören
30. Universität
31. Dänemark
32. Kälte
33. Notizblock
34. Spritze

E)   Logisches Denken: Schlussfolgerungen

35.	C
36.	B
37.	Bert
38.	Konrad
39.	Jenny
40.	55
41.	4

F)   Logisches Denken: Zahlenreihen ergänzen

42.   Berechnungsschema: *2 +3
        Gesuchte Zahl: 29

43.   Berechnungsschema: Alle natürlichen Zahlen (beginnend bei 1) in 1er-Schritten aufwärts zählend im Wechsel jeweils zwischen $n^2 - n^3$

Gesuchte Zahl: 49

44.   Berechnungsschema: *2 +49 -17
     Gesuchte Zahl: 100

45.   Berechnungsschema: Jeweils die übernächste Primzahl
     Gesuchte Zahl: 41

46.   Berechnungsschema: Jeweils nächste Primzahl zum Quadrat
     Gesuchte Zahl: 289

47.   Berechnungsschema: Jeweils höchste Primzahl in der
                             folgenden Zehnergruppe zum Quadrat
     Gesuchte Zahl: 3481

48.   Berechnungsschema: *17 +314 -49
     Gesuchte Zahl: 5059

49.   Berechnungsschema: Summe der ersten und zweiten
                             Primzahl, Summe der dritten und
                             vierten Primzahl, Summe der fünften
                             und sechsten Primzahl usw.
     Gesuchte Zahl: 84

G)   Logisches Denken: Musterreihen (Grafik) fortsetzen

    50. c
    51. b
    52. c
    53. a
    54. d

H) Mathematische Fähigkeiten: Kopfrechnen

55.	122
56.	883
57.	570
58.	4384
59.	100
60.	16
61.	835
62.	7531
63.	40320
64.	14418

I) Mathematische Fähigkeiten: Rechenzeichen einsetzen

65.	+	-		
66.	*	-		
67.	+	+	-	
68.	*	*	*	-
69.	/	*	-	
70.	/	*	-	
71.	+	+	+	+
72.	/	-	*	
73.	-	-	*	+

J) Beobachtungsgabe: Welches Zeichen ist anders in einer Reihe?

74.	K wurde ausgetauscht durch R
75.	F wurde ausgetauscht durch E
76.	Q wurde ausgetauscht durch O
77.	G wurde ausgetauscht durch C
78.	L wurde ausgetauscht durch I
79.	E wurde ausgetauscht durch F

80. K wurde ausgetauscht durch F
81. R wurde ausgetauscht durch P
82. K wurde ausgetauscht durch R

K) Merkfähigkeit: Wörter einprägen, falsche Wörter identifizieren

83 a   1. Zeile
83 b   Genesis
83 c   E-dur
83 d   Schlagzeug

84 a   Hamster
84 b   Bremen
84 c   Limonade
84 d   braun
84 e   Schwein / Schlange
84 f   winzig

85 a   29
85 b   64
85 c   2
85 d   64
85 e   5
85 f   999
85 g   3. Zeile (Überschrift nicht mitgerechnet)
85 h   21

L) Merkfähigkeit: Begriffe merken

86 a   Italien
86 b   5. Spalte
85 c   Rhein, Elbe, Mosel, Donau

86 d   2. und 4. Zeilen
85 e   Neckar
86 f   Florist
86 g   5. Zeilenbefinden
86 h   Warschau
86 i   4. Spalte
86 j   3. Spalte

M)   Merkfähigkeit: Adressen merken

87 a   26
87 b   Gemsenweg 49
87 c   10662 Berlin
87 d   Rentner
87 e   Barbara Endler
87 f   Prof. Dr. Sonja Marx
87 g   80320 München
87 h   Ferdinand Stracke
87 i   Dr. Wolfgang Stahl
87 j   Ferdinand Stracke

N)   Merkfähigkeit: Texte ein prägen, anschließend Fragen beantworten

88 a   Hubert Schramm
88 b   09/08/2016
88 c   Gingelstraße 72
88 d   18 und 21 Jahre alt
88 e   128 €
88 f   dunkelgrün
88 g   1,85 m, dunkle, kurze Haare, leicht übergewichtig,
       ungepflegte Erscheinung
88 h   Osteuropa
88 i   16:30 Uhr

88 j   1500 €
88 k   0815 / 37 99 12
88 l   2. Stockwerk

O)   Interpretation von Statistiken

89 a   B
89 b   C
89 c   B
89 d   2,47
90 a   Schulz
90 b   2015
90 c   Becker
90 d   2013

P)   Oberbegriffe finden

91.   Berühmter Maler   Picasso
       Planet unseres Sonnensystems   Mars
       Chemisches Element   Lithium
       Akademischer Titel   Doktor
       Deutscher Komponist   Bach
       Musikinstrument   Klavier
       Säugetier   Hund
       Insekt   Biene
       Gebirge   Rocky
                                          Mountains

       Deutscher Bundespräsident   Weizsäcker
       Astronomische Struktur   Milchstraße
       Gefühlszustand   Traurigkeit
       Berühmter Mathematiker   John von
                                          Neumann

       Aggregatzustand   fest
       Berühmter Gitarrist   David Gilmour

92.	Farbe	blau
	Tonart	fis-moll
	Baustil	Gotik
	Popgruppe	Abba
	Politikerin	Wagenknecht
	Maßeinheit für Länge	Kilometer
	Gewichtseinheit	Kilogramm
	Astronomische Maßeinheit	Lichtjahr
	Handwerklicher Beruf	Bäcker
	Mathematische Funktion	Fakultät
	Maßeinheit für Speicherkapazität	Gigabyte
	Pflanze	Rose
	Tasteninstrument	Keyboard
	Psychedelic Rock-Gruppe	Pink Floyd
	Kreiszahl	Pi
	Störende Charaktereigenschaft	Prokastination
	Größter Planet unseres Sonnensystems	Jupiter
	Sonnennächster Planet	Merkur
	Technisches Hilfssystem in PKW	ABS
	Speichereinheit im menschlichen Gehirn	Chunk
	Berühmter Wissenschaftsjournalist	Ditfurth

Q)   Passende Begriffe finden

93.   Madrid – Paris - Moskau - Athen - Kopenhagen - London -
Lissabon - Budapest - Bukarest – Berlin - Rom - Warschau
– Oslo - Stockholm – Prag - Helsinki - Wien - Brüssel

94.   37 – 17 – 47 – 23 – 31 – 59 – 19 - 71

R) Schnell Wörter finden

95. Hier ist die jeweilige Lösung selbsterklärend.

S) Sinnlose Silben

96.

	ltz	
		bcx
qäj	püz	
	vgz	
rho	pmx	
pge		
rmö		
	qmp	

T) Merkfähigkeit

97.   a)   Main
       b)   G
       c)   Mercedes
       d)   Amazonas
       e)   Mathematik, Musik
       f)   Venus, Saturn, Neptun
       g)   Bach, Schumann, Mozart

h)   Kapstadt

i)   Musik

j)   BMW, VW

U)   Sudoku

98.

6	5	1	7	8	9	3	4	2
7	2	8	5	4	3	1	9	6
3	9	4	6	1	2	7	5	8
2	8	5	4	6	1	9	7	3
4	6	3	9	5	7	2	8	1
1	7	9	2	3	8	5	6	4
5	3	6	1	7	4	8	2	9
9	1	7	8	2	6	4	3	5
8	4	2	3	9	5	6	1	7

Punkteverteilung

1	:	1	51	:	2	86 a	:	1
2	:	1	52	:	2	86 b	:	1
3	:	1	53	:	2	86 c	:	1
4	:	1	54	:	2	86 d	:	1
5	:	1	55	:	1	86 e	:	1
6	:	1	56	:	1	86 f	:	1
7	:	1	57	:	2	86 g	:	1
8	:	1	58	:	2	86 h	:	1
9	:	1	59	:	2	86 i	:	1
10	:	1	60	:	2	86 j	:	1
11	:	1	61	:	3	87 a	:	1
12	:	1	62	:	3	87 b	:	1
13	:	1	63	:	3	87 c	:	1
14	:	1	64	:	3	87 d	:	1
15	:	1	65	:	1	87 e	:	1
16	:	1	66	:	1	87 f	:	1
17	:	1	67	:	2	87 g	:	1
18	:	1	68	:	3	87 h	:	1
19	:	1	69	:	2	87 i	:	1
20	:	1	70	:	2	87 j	:	1
21	:	1	71	:	3	88 a	:	1
22	:	1	72	:	2	88 b	:	1
23	:	1	73	:	3	88 c	:	1
24	:	1	74	:	1	88 d	:	1
25	:	1	75	:	1	88 e	:	1
26	:	1	76	:	1	88 f	:	1
27	:	2	77	:	1	88 g	:	1
28	:	2	78	:	1	88 h	:	1
29	:	2	79	:	1	88 i	:	1
30	:	2	80	:	1	88 j	:	1
31	:	2	81	:	1	88 k	:	1
32	:	2	82	:	1	88 l	:	1

33	:	2	83 a	:	1	89 a	:	1
34	:	2	83 b	:	1	89 b	:	1
35	:	2	83 c	:	1	89 c	:	1
36	:	2	83 d	:	1	89 d	:	1
37	:	2	84 a	:	1	90 a	:	2
38	:	2	84 b	:	1	90 b	:	2
39	:	2	84 c	:	1	90 c	:	2
40	:	2	84 d	:	1	90 d	:	2
41	:	2	84 e	:	1	91	:	7,5 (je 0,5)
42	:	2	84 f	:	1	92	:	10,5 (je 0,5)
43	:	2	84 g	:	1	93	:	4,5 (je 0,25)
44	:	3	85 a	:	1	94	:	2
45	:	2	85 b	:	1	95	:	< 5 (1 P.)
46	:	3	85 c	:	1			5 – 8 (2 P.)
47	:	4	85 d	:	1			> 8 (3 P.)
48	:	4	85 e	:	1	96	:	< 5 (1 P.)
49	:	3	85 f	:	1			5 – 8 (2 P.)
50	:	2	85 g	:	1			> 8 (3 P.)

97 a	:	1
97 b	:	1
97 c	:	1
97 d	:	1
97 e	:	1
97 f	:	1
97 g	:	1
97 h	:	1
97 i	:	1
97 j	:	1
98	:	12	(Punkte gibt es hier grundsätzlich nur dann, wenn das Sudoku komplett korrekt gelöst werden konnte.)

Auswertung

Wie schon zuvor erwähnt, handelt es sich bei dem hier vorliegenden IQ-Test nicht um einen solchen, der unter wissenschaftlichen Aspekten erstellt wurde, sondern vielmehr um einen solchen, der Ihnen die Gelegenheit geben sollte, möglichst typische Testaufgaben aus klassischen Bereichen (Logik, Sprache, Gedächtnis usw.) trainieren zu können.

Aus diesem Grund wird hier auch bewusst darauf verzichtet, konkrete IQ-Werte zu nennen. Voraussetzung dafür wäre eine wissenschaftlich validierte sowie statistisch-signifikante Kontrollgruppe, die hier jedoch nicht Gegenstand dieses IQ-Tests gewesen ist.

Von daher werden hier absichtlich nur grobe Orientierungsmarken genannt, so dass Sie sich mit anderen Testpersonen, die diesen IQ-Test unter vergleichbaren Bedingungen durchführen, vergleichen können.

Unabhängig davon, wie Ihr konkretes Testergebnis hier ausgefallen ist, sollten Sie bitte niemals vergessen, dass der hier ermittelte Testwert nichts über Ihre Qualitäten als Mensch aussagt. Neben diversen intellektuellen Fähigkeiten, die sich mit klassischen Tests messen lassen, gibt es viele höchst wichtige und wertvolle Werte, die einen Menschen auszeichnen. Bitte vergessen Sie das nicht, falls Ihr Testergebnis hier nicht so gut ausgefallen sein sollte, wie Sie es sich vielleicht erhofft haben.

250 – 262,5 Punkte: Herausragendes Ergebnis.
235 – 250,5 Punkte: Sehr gutes Ergebnis.
210 – 234,5 Punkte: Ergebnis im oberen Mittelfeld.
195 – 209,5 Punkte: Durchschnittliches Ergebnis.
170 – 194,5 Punkte: Leicht unterdurchschnittliches Ergebnis.
150 – 169,5 Punkte: Ausbaufähiges Ergebnis.
100 – 149,5 Punkte: Relativ schwaches Ergebnis.
 50 – 99,5 Punkte: Sehr schwaches Ergebnis.
  0 - 49,5 Punkte: Extrem schlechtes Ergebnis.

Abschließende Empfehlung:

Bitte bedenken Sie, dass sich derartige IQ-Testaufgaben innerhalb eines gewissen Leistungsrahmens trainieren lassen. Je häufiger Sie Testaufgaben solcher Art üben, desto besser werden perspektivisch Ihre Testergebnisse ausfallen.

Von daher sollten Sie Ihr hier ermitteltes Testergebnis bitte nur als eine Momentaufnahme betrachten, die nicht für alle Zeiten „in Stein gemeißelt ist".

Ich wünsche Ihnen viel Freude sowie viel Erfolg bei Ihrem persönlichen IQ-Test!

Düsseldorf, im Sommer 2016.

Kontakt zum Autor:

Psychologische Beratung, Aribert Böhme
Psychologischer Berater (SGD-Dipl.) & Lerncoach
DV-Kfm. & EDV-Dozent & Autor
Mitglied im Who-is-Who Deutschland & Europa
E-Mail: Psychologische_Beratung_Boehme@gmx.de
Internet: www.aribertboehme.de

Notizen